H. C. ARTMANN

Übrig blieb ein moosgrüner Apfel

Mit einem Nachwort von Clemens J. Setz und

Illustrationen von Christian Thanhäuser

Insel Verlag

Insel-Bücherei Nr. 1493

Übrig blieb
ein moosgrüner Apfel

Fantasmagorische greguerías

Was der student aus dem paradies sagte:
Verzeiht mir, frau base, wenn ich eindringe
in die dukatene mittelmässigkeit eurer vorstellung.

Dies ist der lorbeergarten im abendmond:
Ein kühler vogel, der das schimmern der bergeichen
küsst.

Pierrot lunaire et la belle étoile:
Ein gehenkter dieb pfeift sein nachtlied
sachte auf behenden knöchelchen.

Nächtliche erwartung:
Purpurrote beerenfrüchte, die man im dunkeln isst.

Katharina die vornehme alexandrinerin:
Der mond, auf ein regenbogiges rad geflochten,
blutet aus einer blauen wunde.

Andersens märchen:
Der mond in der pappel ist römischer kaiser
geworden.

Die verschleierte eule der gerechtigkeit:
Eine silberhelle wunderampel, die tausend jahre
im diebskasten der tyrannen schläft.

Da meine jüngste schwester von rotem mohn träumte:
Zu häupten meiner grube singt die warme lerche
der verwesung.

Wenn man die liebesbriefe vergangener jahre liest:
Der leichte grüne sommerregen geht barfuss
vor dem fenster auf und ab.

Jenen die den heldentod unter dem herzen tragen:
Vergebliche wacht der soldaten in der bitteren
arznei endloser abenddämmerungen.

Eine kette aus böhmischen granaten:
Mädchen, die im inneren eines fernen hügels
bunte glaskrüge zerschellen.

Orpheus oder der liebestod im juli
dem heissesten monat des jahres:
Der mond ist ein golden gekleideter fährmann
geworden, der auf einsamem wacholdernachen
ans jenseitige ufer übersetzt.

Der fliegende buchhändler:
Eine wahrhaft barocke land- und seekarte
von Hibernien, Neptun dreizackig, der grosse bär
und ein ausgeglühtes sonnengestirn cannibalischer
als Caliban.

u. s. w

(1950)

ICH KÖNNTE VIELE BÄUME MALEN,
mit buntem laub träumend überhangen,
hinter einem blutdunklen zaun ..

mein herbstmatter tag
wäre aus schönem, blassem chrysopras,
voll noch,
aber schon irgendwie verklungen
über einem vielleicht blaugewordenen wald.

meine wiesen aber, aus reichwuchernder zeitlose,
blickten still nach einem abend,
der nie begänne ...

ich pflückte von den rötlichen blättern der buche
und knüpfte daraus ein helles,
durchscheinendes band,
das ich ganz leicht um ein feines,
schmales knöchelchen winden will!

(1950)

AUS ALTEN WÄLDERN VERRINNT HERBSTGILBER WEIN

bis in die satten gründe der frühen zeitlosen.
wolkenschatten fließen wie frauenhände über
gesichelte felder.
um die reisighaufen und in den haaren der mädchen
zittert septemberklarer weibersommer.
das singen der drossel ist ein ständiges fallen
von tropfen aus kühlwerdendem feuerlaub.
der mund der sonne ist ein gehauchtes böhmisches
glas
erklingend beim schlag einer silbernen nadel.
der mond wird schal hangen wie eine gekochte
zitrone.
an den rändern der buchen löst sich die erde in
völliges blau.

(1950)

ALANECH FIA DII

i mechad me *dia*regt fia dii
en a blumanschdandal fazauwan
alanech und grod nua fia dii
med haud me und hoa me fazauwan
en a schdandal foi duipm und rosn
foi draureche astan und nökn
en suma r en heabst und en winta
bei dog und bei nocht one z wökn

und ima hed e daun offm
und ima ded e daun woatn
auf da belarea oda bein e-wong
oes wia r a lewentecha goatn
und nimoes schberad e zua ..

und rinat da *reng* aa r en suma
so brenat da *mond* ma r auf d nocht
und schneiwad s en winta r an *schnee*
so scheinat bei dog me de *sun* au
mia wuarat des woatn net z fad –

i qenad s sogoa met da zeid –
und schaurat da bein umschdeign daun zua
med ana frischaufbliadn freid ..

zwoa kentad e daun ned fon fleg
und schdingad nua schdüü wisawii
owa r a jez bukee wos auf mia waa
waa r umsunzt
und alanech fia dii …

(1958)

ASTAN EN GASLIACHT

i hob astan oschneidn woin
und hob s foesch augfaungd

i how en goatnzaun iwaseng
i homa mei gnia aukaud
i homa de hosn zrissn

i hob mei schea zabrochn
i hob mei messal faluan
i hob mei sagal fagessn

fon fuahinei scho
how e olas foesch augfaungd

nedamoe an schbogod how e mitgnuma
met den wos e s zaumbuntn hed
auf a buggee

a woos!

en liachtn fon d gasladean
schaun en heabst de astan
ee fü schena r aus
oes z haus en ana wasn ...

(1958)

EN FRÜJOA DUAD MA
olawäu mei gnia
so wee
mia sizt a wuam
do drinan
zwischn baa und fleisch
dea r is ma r einegräud
wü nima r ausse gee
den gfoed s mia scheind
zu guad en woaman bluad

waun i den wuam
ned drinad hed en gnia
i was s genau
daun woxxad ma
a rode rosn aus da gniascheim
wasd
so aufaung june jule
de kent i ma
waun s aufbliad is
aun s sakl fire schdekn
und drau riachn

en früjoa duad ma
olawäu mei oames
inwalides gnia

soo wee
dea wuam sizt hamlech drin
und beist de zoatn rosnwuazzln
ewech oo
ea frist ma s zaum!

i bit eich ans
seizz guad
und dengzz a bißl noch
und sogzz ma s heite no
wo r i an dogta fint
dea wos den gniawuam
ausseopariad
das mia r aa amoe
so geng aufaung june jule
de schene rode rosn
aus da gniascheim
ausseblіad

(1959)

IX.
auff leben & todt alß ein bäum- & pflantzengarten

lebt wol / *citronen*bäum / & ihr / *orange*gezweige /
es neigt mein augenlicht sich abendlich zur neige /
in *myrthen & cactëen* bei schattenden *cypressen* /
in epheu / rosmarin / will ich des tags vergessen ...

(1959, Auswahl aus *vergänglichkeit & aufferstehung der schäfferey*)

ein gebet vor dem tabakrauchen

achtzehn pfeifenfüllungen
aus PATRICKS kirchhof
BRIGHIDS mantel
CHRISTI grab
und roms palast der gemeinde GOTTES
mögen sein mit deiner seele
und mit der seele von dem da
dessen kopf einmal dieser tabak war
und allen armen seelen im fegefeuer dazu.

die sandkörnlein am meer
und die wachsenden hälmlein der wiesen
und die tautröpflein auf der ernte
sollen nicht so zahlreich sein
als die segnungen über deine seele
und alle seelen der verstorbenen dazu
und meiner eigenen
in der stunde des absterbens.

es liegt allein in GOTTES macht
obdach licht und des himmels pracht
den seelen im fegefeuer zu geben!

(1959)

xxxvj.

wie fern der farn der zeit,
    wie bitter weit
die nacht, da sacht mein arm
    ein kleid
um deinen hellen leib dir war
    und laub
vom wald geäst ein dunkles nest,
    der vögel neid

(1961, Auswahl aus *persische quatrainen – ein kleiner divan*)

WENN ICH,
ein mann ohne stern,
mit meinen puppen erfriere,
wer schmeißt mir
eine rose zu?

(1963)

caspar
ist im stande
eine gaslaterne
mit einer tulpe
zu erschlagen –
er ist ein meister
der unglaublichsten
vergehen ..

(1966)

ICH BITTE DICH
zeichne einen leuchtturm
an die wand deines hauses

hat die nacht keinen mond
werde ich dich nimmer finden
wer teilt dann die blumen
und die gefundenen beeren mit mir
und das schmale bett
mit dem kopf gegen das fenster

was nützt die schönste flaggenstange
und der nützliche hund bellt nicht
was nutzt ein wegweiser im dunkel
und der nützliche hund schläft

ist ein mann fertig
mit dem ölen seiner stiefel
hofft er auf einen schweren regen
um die dichte des schuhwerks
zu erproben
ich erhoffe mir aber
keine nacht ohne leuchtturm

ich bitte dich
zeichne einen leuchtturm
an die wand deines hauses

(1966)

SO GEHEN MEINE TAGE NUTZLOS DAHIN
und der regen träumt sich
ins fell der braunen felder

so läßt sie ihre hand aus der meinen
sinkend eine tulpe im schatten
ein vogel nachtmüde im baum

wie ist mir das lied geworden
was änderte die sprache seiner musik
was geschah an den brauen des reims

losgelöst hat sich mein mund
von schöneren worten
wie ein blatt vom strauch

zwei weidende pferde tag um tag
genug noch gras da wollmähniges
acht hufe über dem bett meines herzens

wie manchem ist der herbst gekommen
als zärtlicher freund
mir aber wollen dinge bitter ins blut

das geläute in den abendbergen
der nebel im seelandmorgen

wer liebt mehr als ich

ich bitte euch ihr unsichtbaren
beim zauber euch gehorsamer pflanzen
entgiftet mir diesen schierling

(1966)

in meinem garten verbluten
die drosseln des wahnsinns
aus geometrischen fontänen
die drosseln des wahnsinns
in meinem garten verbluten
aus geometrischen fontänen
aus geometrischen fontänen
verbluten in meinem garten
die drosseln des wahnsinns
in meinem garten verbluten
die fontänen des wahnsinns
aus geometrischen drosseln
die geometrischen drosseln
in meinem garten verbluten
aus fontänen des wahnsinns
aus geometrischem wahnsinn
verbluten in meinem garten
deine drosseln zu fontänen

(1966)

i.

es irrt der kranich züge
    züge. schwarz auf blau:
es gurrt die taube lüge
    lüge – weiß auf blau
ein welkes blatt entfiel
    dem ahorn baum
ein welkes grau im traum
    von grün auf blau

(1966/1967, Auswahl aus *persische quatrainen – ein kleiner divan*)

lix.

schon blüht die bitter grüne nuß
   im hasel wald
ein lauer wind trägt meinen staub
   zum hasel wald
mit himbeer fingern schrieb der abend
   seinen vers
und lieblich steigt der mond aus nacht
   und hasel wald

(1966/1967, Auswahl aus *persische quatrainen – ein kleiner divan*)

40
Dir träumt, du bist eine hyazinthe im garten deines geliebten und er nährt dich mit seinen tränen, schreibt briefe im kreis deines duftens, die ungeöffnet wieder zurückkommen, *man darf nicht vergessen, daß alle an dich gerichtet sind und du bist unauffindbar, keiner weiß um deine grüne gestalt,* und er begräbt sie alle rund um dich und läßt sie faulen in der schwarzen erde dieses gartens, und die blauen, geschriebenen worte sammeln sich in deiner knolle und sprengen sie in die luft, und deine pflanzengestalt fliegt gen himmel, unerhört schnell, 15 cm groß, und sie schwebt vierzig tage und *vierzig* nächte über dem garten deines geliebten, der sich darin erhenken wird und du wirst es sehen und wirst ihm nicht helfen können.

(1967, Auswahl aus *Grünverschlossene Botschaft*)

IX. Gartenbau:

1. Ein herr schmeißt seine halbaufgerauchte zigarre über den zaun des gartens – sogleich ist die gärtnerin mit ihrem rechen da und entfernt den fremdkörper; lieber zieht sie spargel hoch.

2. Ein garten, welcher allen gehört, wird park genannt. Früher waren die meisten parks im besitze einzelner hoher familien, das waren noch *eigentliche* gärten.

3. Gärtnerinnen unterhalten liebschaften mit vielen herren, das liegt in ihrer blumigen natur. Die lehrmädchen müssen erst mit allem anfangen: Gut zusehen, aufpassen, nicht von gestern sein und ein rasches auffassungsvermögen zu haben ist absolut vorbedingung.

4. Im herbste wird viel laub zusammengeharkt, da werden astern und dahlien geschnitten, in sträuße gebunden und an passanten verkauft, bares geld wird eingelöst und dergleichen mehr. Es gibt auch korpulente gärtnerinnen mit shawls.

5. Der größte garten der stadt heißt stadtpark, ein ansehnliches areal mit bäumen, blumen und grünflächen. Unter ihrer arbeitszeit werden die gärtnerinnen

von schwänen in die waden gebissen, vogelschwärme streifen ihre kopftücher, eichhörnchen vergehen sich häufig an ihren abgestellten jausenkörbchen – ein tagewerk also, das keineswegs so leicht ist, als es vorerst scheint.

6. Libussa ist gärtnerin in Prag, Jagoda besorgt die parks der Stadt Agram, beide tragen baum- und blumenscheren im gürtel, haben frische zähne und einen angenehmen atem. Libussa ist ein krebs, Jagoda eine jungfrau – das bedeutet juni und september.

7. Werden gärtnerlehrmädchen mannbar, dann singt ihnen der vogel etwas. Am erfrischendsten sind gärten und parks, wenn sie springbrunnen besitzen.

8. Der beruf der gärtnerin ist ein sonniger, wo gras ist, ist auch liebe, wo ein baum seinen kühlenden schatten wirft, wirft man sich auch gerne hin. Man langweilt sich fast nie, man schafft viel und ist stets frischen muts.

(1967, Auswahl aus *Fleiß und Industrie*)

ABENDS

der tag birgt sein warmes blut
im schattigen weißdorn.
überm schornstein der dörfer
rötet sich der abendmond.
der tag ist mählich verbrannt
zu gedunkeltem salbei.

der tag trinkt müde
am mooswunden quell der wälder.
aus der kühleren krone der weiden
läutet die nachtigall.
der tag zerbricht flüsternd
im dämmerigen gold der feldwege.

(1969)

SOMMER

vor dem weitgeöffneten fenster spazieren die
bunten hähne
barfuß im grünen regen.
vom alten turm plätschert der mittag.
die bastei mit krone und schüssel geziert blickt
zaghaft
nach dem haupttor der steinernen löwen.
sie schlafen tausend jahre.
in den flüsterigen linden ist nichts erhabenes
doch sind sie lieb wie die zartheit einer einfachen frau.
auf den laubfarbenen hauben der teiche singen
die frösche.
drüben im schattendunklen weidenwald
trinken sich die mädchen
tief in den brunnen der heurigen rosen.

(1969)

ICH STEH STABS STICHER STARK STEHEND
huflattichgrotten meinerseits sicher
primula veris und vaccinia nigra
klarraschelnder effekt der sonne hier
vorkindliche wildnis der schatten dort
man sieht durch monokel s licht der welt
meine ärmellänge hebt sich im hain ab
am äther behaust am farnlaut am birklaub
smeine ältere hand langt sich pilze
ich stehe augs sehr horchs links muldabs

(1969)

LANCELOT UND GWYNEVER

grünes delirium
von morgenmoos
an den pochenden
schläfen ...
tastende schmalheit
des walds
der den tändelnden schritt
der hunde
frisch
und säuerlich
umschließt ...

dann aber:
querfeld
über die lichtung
laufst du
ins tiefere herz
des walds ...

ein hifthorn
verwächst
bei moos
und stein.
sein tönen dringt

durch
die gelockerten schalen
der körnchen
hinein
dort
wo der halm aufsickert
bis
zum gemuschelten ohrrund
des schläfers ...
eine morgenfrühe
leiser
vegetabiler
trauer
und das schauern
von spinnweb
und tau ...

gespannt ...
--

doch horch:
- - - - - -
und etwas
spricht:
– wie kam
    die amsel

in den hafen
von calais?

(ein wunsch ...)

du mußt hinein
in die grüne
anmut der brandung –
in den frischen
alaun der see ...

(ein wunsch der jäh
aufschäumt ...)

vivian ...
sie färbt
den mantel grau
im ersten dämmern
des morgens ...

(das profil des morgens –
die see –
das dämmern
wie messer und mond –
der alaun ...)

... und etwas spricht?
– wie kam die amsel
    in die boote
    vor calais?

(die schärfe
des winds ...)

aber vivian:
schlau.
flüchtig.
schön
wie ein schulterblatt ...

(du mußt
in die grüne
anmut der brandung.)
––

lancelot
der den mund
seiner sfinx
befragt:
(die sfinx auch
befragt ihn ...)

lancelot
nach seinen aufenthalten.
in rom.
in paestum.
in sennar.

nun
in jenem hotelzimmer:
(die tischnelken
stehen hoch
und halbblühend schon
aus den vasen ...)
die schwermut aber
liegt ihm
in der mulde
seiner hand.

die schwermut
ist
ein bläuliches blatt
schön
doch dunkel
und schwer
wie zinnerz
... ...

rötliches salz der abenddämmerung: (ballast
in den schiffen
die lancelot
heimbringen
endlich
nach der irrfahrt.)

... allein –
dünkler durchdringt ihn
          gwynever

––

die frage
gwynevers
an das zitternde herz
der dunkelheit:

mohnrote dunkelheit
des wartens.

(die toten stunden
des wartens am teich ...)

das hineinwerfen
der goldenen ringe.

(die verzweiflung)

die statuetten
am teichrand.

der nächtliche farn ...

das wasser
an den bugspitzen
der boote ...

das wasser
das den abend
bespritzt.

tief und heiß
senkt sich
der schmerz
ins eisfalsett
des herzens ...
- - - - - - - -
die an der liebe zweifelnden:
        verwirf sie nicht
die an der liebe verzweifelnden:
        wirf sie nicht
        wie die ringe

ins wasser
das von gold
starrt …
(wir tragen
laternen vorbei
und die laternen
tragen unsre schatten.)

… an bäumen vorbei
an blumen und dornen
vorüber …

(1969)

SAG WAS TUST DU IM HIRSCHGEHEGE
sind etwa die multbeeren reif

die multbeeren sind noch zu früh
die sonne ein fröhlicher baum noch

wohin trägt dich dein schuh du
ich beobachte manche wagenspur

die lerche ist ein kleiner vogel
und wie hoch steigt die lerche

der wald kommt dir hier entgegen
wie ein freundlicher böser mann

um die quelle sind viele hirsche
versammelt sie sehen dein bild

wenn die multbeeren reif wären
hättest du ein körblein genommen

alles was flügel hat erhebt sich
wer sollte deine augen schelten

ich gehe wie du der wagenspur nach
ich treffe keinen einzigen waldhüter

ich liebe die höhlung deiner hände
wenn du wasser aus der quelle holst

(1969)

EIN GARTEN AUS ZÄRTLICHKEIT WIRD ALLE
LUFT UM SIE,
ein morgenrot und das sehen eines bächleins im mai,
ein sich erinnern an die jungen rehe des waldes ..

wenn die lerche ihren schönen schrei hochträgt,
so ist dies eine liebliche halbheit gegen sie;
farngrün und fächelndes gras ist ihre nähe ..

einen strauch will ich setzen in mein erdreich:
jedes blatt, jede springende knospe ein abbild
von dem, das mein mund nicht zu zeichnen vermag!

(1969)

MEINE BEINE ERLERNEN NACH LANGEM
wieder das gehen,
meine hände erfreuen sich wieder
an der berührung zufälliger äste und blumen;
ein weg zwischen bäumen,
ein steig durch wiesen,
ein geweihter stein, der meinen blick richtet
wie ein gutgezieltes gewehr ..

sonne fällt in das waldland,
eine grüngoldene fahne, die mitweht
mit jedem meiner schritte,
auf die throne der stillen nachmittage
setzt der kuckuck seine stimme,
die nachtigall wirft ihre spiegellaute
in den nächtlichen mond ..
mit den ameisen teile ich moos und verfallene nadeln,
eicheln und nüsse mit den immernahen hähern.

könnte ich jemals diesen garten meiner königin
vergessen?
welcher delphin, welche möve
brachte mich diesem eiland?
efeukönigin,
tiefes, dunkles tal,

elfenbeinwunder,
lagerfeuer meiner hüfte,
all meine stunden und jahre
habe ich nach deinem garten gesucht –
das ist keine lüge!

ich liebe dich, mein heller altar,
meine sommerfadenfarbene wildnis
ich bitte dich um einlaß ...
es sind zwei junge tiere aus der wärme
deiner beiden brüste entstiegen
und ich bin herbeigeeilt
um für sie in mir eine hütte aufzubauen,
fröhlich tritt ihr zartes atmen
durch das haupttor meiner lungen!
mein rettender delphin, mein gefundenes eiland,
alle meine küsse will ich eintauschen mit dir
gegen nichts als zwei rote beeren ..

(1969)

BAGH I BISH QIMAT I ZUMÛM:

(mit konrad bayer)

digitalis purpurea (7, 8,)
atropa belladonna (6, 7, 8,)
cholchicum autumnale (in auctumne)
anemone pulsatilla (3, 4,)
hyoscamus niger (6, 7, 8,)
datura stramonium (6, 7, 8, 9, 10,)
aconitum napellus (6, 7, 8,)
cicuta virosa (7, 8,)
ranunculus acer (5, 6, 7, 8, 9,)
daphne mezereum (2, 3, 4,)

(1971)

Curriculum Vitæ Meæ oder Wie das halt so gewesen ist

Manche leute werden auf flußpferden geboren, andere in betten, wieder andere auf gestampften lehmböden in strohgedeckten hütten – ich selbst kam auf einem baum (oder in einem baum) der gemarkung Kürthal nahe dem weiler St. Achatz am Walde zur welt, zuvor natürlich noch von der behütenden eischale verhüllt, in einem zustand der geborgenheit also, der mich auch heute, nach so vielen jahren, hin und wieder unter wollenen decken der träume überfällt. Ich bin das kind aus der verbindung einer wildente und eines kuckucks und verbrachte meine jugend in den dichten laubwildnissen der buche und der linde; meine eigentliche menschwerdung vollzog sich erst später nach den ersten kinobesuchen, nachdem ich mich ziel- und absichtslos fliegend in eines der lichtspielhäuser der hauptstadt verirrt hatte. Ich war zuerst nicht höher als ein zwerg im walde von Bro Mee an der gallischen grenze, wuchs aber bald zu einer ansehnlichen größe heran, wurde dunkelblond und trug das haar, der sitte jener fernen zeit entsprechend, ungescheitelt und wallend. Das war in den friedvollen, wenn auch geschichtslosen tagen *sub ar(c)turo* vor dem Hundertjährigen Krieg, da jegliches nest mit federn, jegliches haus mit kirschenblättern und alle schiffe mit verschlüsselten seekarten gefüllt waren. Meine lehrer beriefen sich allesamt auf die einmalige richtigkeit der geometrie des mineralreiches; ihre geografie bestand aus steifkattunenen atlanten, buntgefärbten ungetümern der vorzeit; ihre mathematik hatte vieles von der rätselhaftigkeit des turmbaues zu Babel oder Llundain; redeten sie über die historie der letzten zehntausend jahre, dann wurde ihr blick mit einem male glänzend, und ihre stimme überkam die herbe junger ahornblätter. Ich nahm ihre belehrungen halb ernst und halb spaßig, verachtete ihr alfabet und preßte mir eine eigene schrift aus den büschen und bäumen meiner schillernden umgebung. Das durfte nicht gut gehen, da mußte etwas dazwischenkommen: ein herr mit schwarzer brille griff nach einem grünen streichholz, ein zweiter ebensolcher sprach: das walte Gott! und so kam es, daß mir in gar kurzer zeit ein übler rauch die augen aus ihren warmen höhlen zu beißen drohte. Ich suchte mir durch hellen gesang und dunkele choräle zu helfen, ich verwandelte mich wieder in meinen früheren zwergenzustand, um im hohen gras einen unterschlupf zu finden, ich wollte auch gerne wieder, wie der vogel, der ich einst gewesen, heraus aus dem beizenden nebel, der mich umgab, versuchte aufzusteigen wie die frühe lerche aus der ackerscholle, mußte aber doch immer zurück aus der bläue einer freien luft; und das sollte lange so bleiben. Als es schließlich anders geworden war, verwandelte ich mich kraft formeln und sprüchen zuerst in einen gefleckten schwan, dann in einen schnellen luchs, dann in eine seidene fledermaus, dann aber in eine mischung aus wolf und baumwipfel, von dem aus ein sperber nach westen äugt, und endlich wurde ich, und das nicht aus eigener kraft, ein herbstlich geröteter farn auf einem bergrücken hinter dem untergang der sonne. Das ist viel und wenig. Do bádussa úair fa fholt buide chas; ní bia mar do bán ... sagt Ossian.

(1973)

ICH HÖR DEN TOSBACH RAUSCHEN,
die tollkirsch reift am hang,
als alphirt will ich lauschen
der wilden vögel sang.

den stock fest in der rechten
zwing ich den steilen steg,
an wurzeln, farnen, flechten
führt mich hinan mein weg.

der wald wird immer lichter,
willkommen alpenhorn,
du morgenroter dichter,
du rohr von schrot und korn!

der senn sitzt vor der hütte
bei käse und tabak,
schöpft milch aus einer bütte,
sein jöpplein glänzt wie lack.

grüß gott, du wackrer vater,
was treibt die herde dein?
sie spielt naturtheater
wohl auf den matten mein.

ein specht erforschet mahlzeit,

indem er kräftig klopft,
man hört, wie gar nicht unweit
das harz aus arven tropft.

die luft ist frisch und lockend,
der senn steht langsam auf,
und, seinen bart abtrocknend,
spricht er: oh welten lauf!

die sonn gleißt durch die äste,
es ist ein stiller tag,
nur rinder muhn aufs beste
und schafe blöken zag.

wär ich ein herr der almen,
ich zöge nimmer fort
nach dort, wo ruß und qualmen
vernebelt jeden ort.

(1975)

MIR IST, ALS HÖRT ICH WIEDER
des gwenc'hlan prophesei,
die alten zauberlieder
entstehn in mir aufs neu.

ich wandere durch weiten,
drauf nebel, tau und licht
wie elfenschemen gleiten
in einem traumgesicht.

hier grünen tamarinden
in mittäglichem grau,
auch pinien sich einfinden,
die winter regnen lau.

es waltet an den quellen
so manche helle fee,
an kleeverwunschnen stellen,
beim riedumkränzten see.

in tälern voll von düften,
springt wunderliches laub,
es lauert keine natter
mit ihrem gift auf raub.

wo farn mit zungen redet,

die wog gen klippen rauscht,
der falk das feld befehdet,
der druid dem vogel lauscht.

inmitt von ros und dornen,
von efeu, rank und moos,
ein schloß der sieben nornen,
die spinnen mir mein los.

ich säume stumm vor steinen,
den meistern alter zeit,
mit rot und weißen weinen
bin ich zum toast bereit.

ich trinke auf die helden
im abendblauen west,
die flaschenpost solls melden
der brut im möwennest.

auf algbewegter welle
der liliennebel schwan;
ich fahr in morgenhelle
mir vorbestimmte bahn.

(1975)

nachtwindsucher – 61 österreichische haiku

vi.

der holunderstrauch
so verwittert er auch ist
läßt uns nie im stich.

vii.

der nachbar drüben
hat die weiden abgesägt
ich mochte sie gern.

xiii.

neben schneeglöckchen
erwacht eben ein igel
aus dem winterschlaf.

xv.

der erste krokus

doch der schnee hat gewiß noch
manches in petto.

xviii.

kartoffelblüten
und verregneter jasmin
sind sie geschwister?

xxi.

der vogelbeerbaum
mit seinen scharlachtrauben
wie fern die kindheit!

xxvi.

die bienen im hof
vom erblühten löwenzahn
löffeln sie honig.

xxxi.

eine saatkrähe
auf unserem gartenzaun
ahnt schon die astern.

xxxviii.

unser krautgarten
schneckengebadet glänzt er
im böhmischen wind.

xlvi.

weit hinter ungarn
zwischen schierling und kalmus
räkelt sich der mond.

liii.

meine birke wächst
in den telegrafendraht
wem gilt die nachricht?

lviii.

brennesselschatten
hüten den eingang zum wald
ein kuckuck warnt uns.

(1984, Auswahl)

STIFTER HEBT SEINEN HUT

vor birken winkt er
lärchen beschreiben
täglich brot und brei
kein mächtiger verbietet
augenblicke streng
hunde sind es jedoch
nicht steine die bellen
handwerker die frühling
zimmern blasen blüten
gemach vom handrücken
man stellt gedichte ab
ins keimende treibfeld
der maulwurf erwartet
seine kleinen zähne
offne mäntel wehn
vom forst herüber.

(1986)

WIESEN WINKEL SCHATTEN
äste blätter bar blinkend
ahnvoll sonngilb blau blende
die birke der hartriegel
die blume gottes sommer
dem feedorn ins haar treiben
wangenschneider wegwarte
so rainlängs auch rauchig nun
virgils wagen du wortwerk
halbherbstes wachtemaß
wenn mans aufschreibt.

(1986)

ALS ER DIE LUKE DER ARCHE ÖFFNETE
lag ihm eine nasse welt zu füßen
gott rundum in den fernen tälern
dunkelhäutig schlamm landschaft
gott in ersten strahlen des tages
vierzig tage und vierzig nächte
hatte die sintflut gedauert aber
was übrig blieb ein moosgrüner apfel
auf einem berg dessen name vergessen

(1988)

PEKING:

die senfkörner deines himmels
die fasanenaugen deiner parks
dazwischen spielraum genug um
gedichte auswendig zu lernen
wie die namen seltener bäume
oder namenloser graseinheiten

(1989)

DIE ROHRDOMMEL IST WACH,
ihr liederbuch
in der mitte aufgeschlagen,
seltsame schatten
ergehen sich
hinter
mannshohen fuchsien,
der fingerhut blüht
aus weggeworfenen lumpen,
ginster und farn
liegen sich heftig im haar;
worte höre ich,
die meinen verstand schärfen
oder aber mein herz
umspinnen
wie honigfäden ..

(1991)

ACHILLEA MILLEFOLIUM

anmut erhält
lippen
werden

tönt töne

sonnenstrahl
lippe himbeere

eine insel in der wiese
ein hügel unter der sonne

ein stern der auf
ein mond der absteigt

ein stab

ohne wunde
ohne harm.

(1991)

Die Gstättn

So. Und da wären wir nun auf einer richtigen Gstättn! Jawohl, auf einer Gstättn. Nicht nur im tiefsten Osten Wiens gibt es solche, sondern auch hier im sozusagen Westend. Uns zu Häupten spannt sich die schöne in einem sagenhaften Elferjahr im Jugendstil erbaute Steinhoferbrücke, die den hochberühmten 47er in die Gefilde seiner endgültigen Bestimmung hinüberträgt!

Also Gstättn! Gstättn kommt von *Stätte,* von *Statt.* Da haben wir Ablagerungsstätten, Vergnügungsstätten, Gaststätten, die Brandstatt, die Bettstatt, und so weiter ...
Eine richtige Gstättn ist aber jetzt alles das zusammen, was seine hochdeutschen Schwestern eben nur teilweise sind. Im Sommer sitzen hier die alten Pfründner auf löchrigen Häfen rund um einen ausgedienten Hausfreundofen beim Kreuzschnapsen, aus der starkduftenden wilden Kamille, dem Schliefhansel und den Brennesseln recken sich verrostete Stacheldrähte, die diebsunsicher gewordenen Beschützer der seligen Grabeländer, das alte Blech von Nachtgeschirren der Vorzeit, klägliche Emailreste an den eingeteppschten Wangen, uralte Ofenrohre aus Luegers Zeiten, Veteranen ungezählter guter wie schlechter Winter.

Wo Zeitungen liegengeblieben sind, haust der Kindern besonders gefährliche Ohrenschliefer mit seinem Zwergenzänglein am Hinterteil, die Klettenbüsche blühen violett, man kann ihre Früchte den Spaziergängern an den Rock werfen, die Schafgarbe wächst kniehoch, eine außerordentliche, nützliche Pflanze, wie unsere Popularkosmetiker bezeugen werden, macht man doch aus ihren Blüten und Stengeln einen heilsamen Absud, ein Gesichtswasserl, das sich schon gewaschen hat! Glatt und fein wird einem da die Haut, sagt immer die Frau Haselsteiner vom Neunerhaus. Na ja, so wie ein Kinderpopo. Mein Gott, sie hat immer so schenante Vergleiche, die Haselsteinerin.

Auf dieser Gstättn trifft sich aber auch wirklich alles. Banafezznmänner, Liebespaare, rastende Straßenarbeiter, vorstädtische Duellanten und Kinderverzahrer zur Abendzeit, Zeltbaumeister mit heimlichen Zigaretten unter zehn, Hansldippler und Taxameter über siebzig. Die Gstättn mit ihren Gerüchen, Haushaltsreliquien und der verschwenderischen Peripheriefauna nimmt jeden auf.
Man muß schon sagen: So eine Gstättn wäre ja eigentlich, wenns nicht gerade unter null hat, eine recht billige Nachtherberg. Und warum auch nicht. Die frische Luft hats in sich und erhält ihre Leute jung.

Wauns a so weida ged med mia ...

Wauns a so weida ged med mia
daun wia r e boed
auf ana Gschdetn fola Kamün
und Hanslschliaffa schloffm –
auf ana Gschdetn draustn
ausgschdrekta r auf de Schliafhanseln
me n Kopf en de wachn riachadn Kamün ..
und i wia dooling
en Mond und en Reng
und drama
das des oede Eisn rund um mii
an Goidwead griagt hod!
No? und waun scho!
Is s feleicht schlecht
waun am drozzdem no
a so an-zwaa Gschdetn iwrechbleim
wo ma se hiihaun kaun und drama ...?
Zun Beischbüü
auf dera do
hinta da Schdahofabrukn –
oda duat en Gangl
en den schmoen bein Lupusheim ...
es is jo ee scho gaunz bowil
op s d jezt auf Fedan büslsd

oda zuadekta met d Uawaschln
auf d Schliafhansln
unt d Kamün ..!
Waun e aa daun rostech wia r en da Nocht
und munta fola Dau bis en d Haud en da Frua.
Hauptsoch das me ka Gschmiada wekt
und fuatschdampad fon meina Gschdetn
waun e grod so dooligad und dramad
das des oede Eisn rund um mii
an eissast xundn Goidwead griagt hod.
No? und waun aa schon!!

(1991)

drei gedichte aus dem botanischen garten

IRIS PSEUDACORUS

und weil es mich rechtens verwundern sollte, heuchelte ich erstaunen – ach, ich hatte es ja so erwartet! doch bleib poesie poesie, und zwar die gelben schwertlilien, sie umstanden jenen waldteich und von fernher zeigte sich antikisch gewölk ..

TARAXACUM OFFICINALE

und da sah ich, daß der löwenzahn über nacht um das haus gekommen war (inter ligna florentia sua decantant gaudia) und ich nahm mir vor: zertritt ihn nicht, aber lege deine schuhe ab und tanze wie inmitten kleiner betauter sonnen ..

CRATAEGUS

auszuweichen dem tadel der sucher von wörtern. dejos un albespi, encontra · l prim rai.man versuche die morgenhimmel so aufzustellen, damit sie crataegis spiegel werden, flächen der strahlen und vogellaute. präzise überlegen, von welcher seite man oriens beifügt, den nagellack der göttin.

(1993)

NACHWORT

MINGUR GRINGUR
Zur ekstatischen Pflanzenkunde H. C. Artmanns

Im 9. Jahrhundert hielten gelehrte Mönche in Irland an den Rändern ihrer Handschriften einige der schönsten Gedichtzeilen fest, die je erdacht wurden; die älteste und immer noch unbekannteste Naturdichtung Europas. H. C. Artmann war einer dieser Mönche.

Er war natürlich noch viel mehr in seinem langen und reichen Leben, Vampirfänger, Ballonfahrmeister, Mundartdichter, persischer Ghaselist, polyglotter Weltreisender, aber die Art, wie er schon in seinen frühesten Jugenddichtungen angesichts der Natur jedes Mal den Verstand verliert und die Welt zu *benennen* beginnt, überführt ihn als einen jener heidnisch-frommen Iren, die noch ganz selbstverständlich, ohne eilig angekurbelte Poesiemühle, »cochuill choss ngall, gaimin bran« sagen konnten, »die Fußbekleidung der Schwäne, die Winterröcke der Raben«. Artmann selbst hat in einem sehr späten Fernsehinterview bekannt, das schönste Gedicht, das er kenne, sei »Der Wind, der Wind / das himmlische Kind«. Der schönste Vers, den ich kenne, findet sich in den von Kuno Meyer gesammelten *Bruchstücken der älteren Lyrik Irlands*, und ich habe den starken Verdacht, dass er von H. C. Artmann verfasst wurde. Urteilen Sie selbst:

Mingur, gringur, certān cruinne,
cāi for barraib, bind a guth,
rongab [gath]land tria gāi ngrēne,
rocar [ ] slebe in suth.

»Mingur, gringur, certān cruinne.« Vollkommene Lautharmonie, herzensfrohe und kecke Beschwörung. Auf Deutsch etwa:

Sirren, Schwirren, Insektenmusik der Welt,
süße Stimme des Kuckucks im Baum,
Stäubchen spielen im Sonnenlicht,
die Kälber lieben [ ] des Berges.

Was mag es wohl gewesen sein, was die jungen Rinder so gernhatten, damals an einem strahlenden, insektendurchbrummten Sommertag im 9. Jahrhundert? Die *Rundung* des Berges, die *Begrasung* oder vielleicht die anderen *Tiere*? Oder gar den *Ernst* des Berges, seine *Nüchternheit*, seinen *Fleiß* im Hervorbringen immer neuer Formen?
Die mir so heiligen irischen Mönche, die angesichts der

Natur derart ekstatische und perfekte Zeilen schreiben konnten, gibt es heute kaum mehr. Gelegentlich begegnet man ihnen noch im Werk bestimmter Sänger oder auch auf Twitter, das ein ähnlich selbstgenügsames und effizient vernetztes Marginaliensystem bildet wie die damaligen Codices irischer Theologie. So etwa hier, in diesem höchst vollkommenen Gedicht Artmann'scher Art, das eine mir nur dem Künstlernamen nach bekannte Twitterpoetin namens @Chaosfux am 11. Oktober 2018 um 9:28 Uhr veröffentlichte:

> es ist herbts
>
> auf dem feld
>
> DIE KÜRBEN

Auch hier ist es derselbe alte und edle Zugang, etwas überdeutlicher zu benennen, als man es normalerweise denkt. Und wie überirdisch, wie sci-fi-wesenhaft werden gemeine Kürbisse, wenn man sie in diese stockdeutschen *KÜRBEN* verwandelt sieht. Und der *Herbts*, so rätselhaft versehrt am Wortende, schon der Auflösung nahe, aber dadurch um vieles realer und sichtbarer.
Eine andere von H. C. Artmanns Inkarnationen ist der

schwedische Naturforscher und Schriftsteller Carl von Linné, dessen Tagebuch *Iter Lapponicum* Artmann 1964 übersetzte. Linnés wissenschaftliches Werk tat lustigerweise schon dem alten Goethe in der Seele weh, weil es darin so sittenlos zuging. »Die ewigen Hochzeiten«, meckerte Goethe, »die man nicht los wird, wobei die Monogamie, auf welche Sitte, Gesetz und Religion gegründet sind, ganz in vage Lüsternheit sich auflöst, bleibt dem reinen Menschensinn unerträglich.«

Von dieser Lüsternheit ist in der *Lappländischen Reise* allerdings nichts zu spüren, viel eher ist sie eine überwältigende Schule des Sehens, allerdings eine, in der das Sehen immer zugleich schon das hineinzoomende und sich in der selbstentwickelten Nomenklatur ergehende Benennen ist: »Hier und dort zwischen den Felsen gab es kleinere Stellen *variis herbis repleta* und dazwischen einige, welche *Violas tricolores* enthielten. Von diesen letzteren fand ich etliche *colore albo*, etliche *albo et coeruleo*, etliche *coeruleo luteo labio superiori, lateralibus et infimis coeruleis, aliae labio super. coeruleo et luteo, lateral. coeruleo et luteo, infimis coeruleis*. Und all das auf einem einzigen Fleck, der nicht größer als ein Teller war, ja, etliche gab es, die auf *einem* Stengel diverse Arten trugen.« Oder: »Der Lappen Kompaß ist: 1. Große Fichten, welche an der Südseite mehrere *ramos* haben, an der Nordseite keine. 2. Ameisenhaufen; an der Sonnenseite wächst Gras und *Vaccinia*, an der Nachtseite nichts. 3. Die Espe, *cortex* zottig gegen Norden, glatt gegen Süden. 4. Dürre Kiefern im Moor, *Usnea nigra a latere septentrionali excreta*. Danach können sie ihre Reise durch den wilden Wald tun, tue du ein gleiches.«

Linné erlebt alles als großes Benennmysterium: Farne und Hasen und Berghänge, Waldpilze und Käseherstellung, die Dachschindeln einer einsamen Hütte, die schwindelerregende Struktur von Flechten, das Hexenbesenartige verdorrter Birken, das winterliche Fell der Eichhörnchen, das Gewölle vor der Höhle einer jungen Uhufamilie oder die Zutaten einer altbewährten Salbe für wundgelegene Kinder.

Artmann begegnete dem Tagebuch Linnés im Jahr 1961, und es wurde seine zweifellos wichtigste Übersetzungsarbeit. Er schätzte daran vor allem die Abenteuer, »die uns aus der Stengelfarbe der *Vaccinia nigra* oder der Wurzel des *Sceptrum Carolinum* entgegentreten oder gar aus dem Kochkessel des freundlichen Nomaden, aus dem Gestein der arktischen Einsamkeit oder aus dem bläulichen Flügelpanzer eines seltenen Waldkäfers«. In den leuchtenden Notizen des eigenbrötlerischen Botanikers wird vieles präfiguriert, was noch in den spätesten Gedichten Artmanns auftritt, etwa das immerzu beherzte Benennen, sehr direkt linnéisch etwa in den *drei gedichten aus dem botanischen garten* (S. 81) oder in den Zeilen:

SAG WAS TUST DU IM HIRSCHGEHEGE
sind etwa die multbeeren reif

Oder:

ein hifthorn
verwächst
bei moos
und stein.

Oder, in etwas verzauberterer Form:

ahnvoll sonngilb blau blende
die birke der hartriegel
die blume gottes sommer
dem feedorn ins haar treiben

Artmanns gesamtes Werk speiste sich immer wieder von Neuem aus einer bestimmten Grunderfahrung: etwas Ungeheuerliches gelesen zu haben. Und da er so viele Sprachen beherrschte, war es auch verhältnismäßig leicht für ihn, Dichtungen zu finden, die eine fruchtbare Anverwandlung erlaubten. Artmann, den Dichter, gibt es nicht ohne Artmann, den Leser.
Dabei sind die Wirkrichtungen seiner Lektüreeinflüs-

se oft weniger linear, als sie auf den ersten Blick scheinen. Seine berühmten Dialektgedichte aus dem 1958 erschienenen Band *med ana schwoazzn dintn* etwa sind kaum von der Lektüre anderer österreichischer Mundartdichtung (wie etwa der Josef Weinhebers oder Peter Roseggers) beeinflusst, sondern viel eher von der verrätselten, erotisch-inkantatorischen Lyrik Federico García Lorcas.

Oft war der Dichter auch bloß von einem bestimmten *Tick* besessen, den ein lyrisches Vorbild mitbrachte und dessen Nachahmung dann ungeahnte poetische Effekte erlaubte. So etwa in seinen barocken *epigrammata in teutschen alexandrinern*, in denen der Witz gerade darin besteht, das zu befolgen, was Barocklyrik oft so schwer zugänglich macht: stets unoriginell und katalogartig und formelhaft zu bleiben, selbst beim Berichten der unerhörtesten Dinge. Egal welche Katastrophe oder welches Naturwunder die kriegsumwirrten Barockpoeten deutscher Sprache sich zum Thema erwählten, es passte am Ende immer brav, ja geradezu *erlegt*, in den Nähmaschinenschrein ihrer Strophen, jedes noch so kurze Füllwort bis an die Zähne bewaffnet mit Mehrfachkonsonanten. Und gerade diese Vorgabe, eben *nicht* pointenhaft oder überraschend zu dichten, schafft ein höchst paradoxes Lesevergnügen, bei dem man ständig lachen muss, weil alles so artig zugeht.

Ebenso streng und humoristisch-durch-Humorresistenz sind die »persischen« Gedichtformen, in die sich Artmann verliebte, mit ihren akrobatischen Gesetzen der Wortwiederholung (siehe *i. es irrt der kranich züge*, *xxxvj. wie fern der farn der zeit* und *lix. schon blüht die bitter grüne nuß*, S. 33, 23 und 34).

Am herrlichsten finde ich Artmanns Werk immer da, wo er uns vorführt, was das Deutsche so alles angerichtet hat in der singbaren Sprachkunst der vergangenen Jahrhunderte. Kaum ein Schülerohr, das nicht von der *klappernden Mühle am rauschenden Bach* für immer verrückt gemacht worden wäre. An Artmanns Versen darf es wieder gesunden:

ICH HÖR DEN TOSBACH RAUSCHEN,
die tollkirsch reift am hang,
als alphirt will ich lauschen
der wilden vögel sang.

Tosbach, Tollkirsch, Alphirt – bei derart schnurrbärtigen Begriffen wird's einem ganz keck ums Herz. Oder denken wir an den entsetzlichen Lindenbaum *am Brunnen vor dem Tore*, den man, hat man ihn sich einmal eingefangen, leider auch nie wieder aus dem Kopf bekommt. Vor Jahren genoss ich mit einer Gruppe Bekannter das sehr Artmann'sche Spiel, gemeinsam herauszufinden, welches Wort das Unerwartetste wäre, wenn man sein Gedicht beginnt mit *Am Brunnen vor dem Tore / da steht ein* ... Wir kamen schließlich auf »Horrormönch«. Einige Wochen später fiel mir dann allerdings beim Einkaufen ausgerechnet vor einem Stapel Melonen das noch etwas stärkere »Würgegreis« ein:

Am Brunnen vor dem Tore
da steht ein Würgegreis.

In ähnlicher Manier beendet Artmann eines seiner Natur-Haiku (S. 66). Er vergreift sich in der letzten Zeile des 15. Haiku so glorreich im Ton, dass das darin transportierte Bild auf einmal viel unmittelbarer zu Herzen geht, als es das in feierlicher oder normpoetischer Sprache könnte:

der erste krokus
doch der schnee hat gewiß noch
manches in petto.

Etwas in petto haben, das ist so *cringe*, so herrlich *camp*. Aber Artmann konnte, anders als beispielsweise ich und meine Bekannten, auch in ganz klassischer, schöner Sprache dichten, sodass man davon ergriffen wird:

eine saatkrähe
auf unserem gartenzaun
ahnt schon die astern.

Ein Haiku ganz nach dem Lehrbuch, aber dennoch weise und magisch; ein seit seiner Aufzeichnung ewig andauernder Erdenmoment. Überhaupt geschehen oft magische Dinge in diesen Gedichten: Ein Schierling wird entgiftet, ein Leuchtturm an die Wand eines Hauses gezeichnet, und Küsse werden gegen Beeren getauscht. Nicht wenige Verse H. C. Artmanns eignen sich als Zaubersprüche für Garten und Hausgebrauch. Man muss sie nur mit Überzeugung und im richtigen Augenblick aufsagen. Zuerst erschreckt man vielleicht, wenn nach ihrer Deklamation am nächsten Morgen dann wirklich ein Salbeiblatt sich eingerollt hat oder der Bund Geißenglöckchen an der Haustür auffallend nach Petersilie duftet oder sich eine neue violette Spinne kopfüber von der Himbeerpflanze abseilt, aber mit der Zeit wird derlei ganz alltäglich in einem Haushalt, in dem Artmannbücher vorhanden sind.

Clemens J. Setz
September 2020

LITERATURHINWEISE

H. C. Artmann, *Der Schlüssel des Heiligen Patrick: Religiöse Dichtungen der Kelten*, Otto Müller Verlag, Salzburg 1959
Darin: *ein gebet vor dem tabakrauchen*

H. C. Artmann, *Das im Walde verlorene Totem. Prosadichtungen 1949-1953*, Residenz Verlag, Salzburg 1970
Darin: *Fantasmagorische greguerías*

H. C. Artmann, *Grammatik der Rosen. Gesammelte Prosa. Band 3*, Residenz Verlag, Salzburg und Wien 1979
Darin: *Curriculum Vitæ Meæ oder Wie das halt so gewesen ist*

H. C. Artmann, *Gesammelte Prosa. Band II*, Residenz Verlag, Salzburg und Wien 1997
Darin: *Grünverschlossene Botschaft (Traum 40), Fleiß und Industrie (IX. Gartenbau)*

H. C. Artmann, *Gesammelte Prosa. Band IV*, Residenz Verlag, Salzburg und Wien 1997
Darin: *Die Gstättn*

H. C. Artmann, *Sämtliche Gedichte*, Jung und Jung, Salzburg und Wien, 2003
Darin: *ich könnte viele bäume malen, aus alten wäldern verrinnt herbstgilber wein, alanech fia dii, astan en gasliacht, en früjoa duad ma, IX. auff leben & todt alß ein bäum- & pflantzengarten, xxxvj. wie fern der farn der zeit, wenn ich, caspar, ich bitte dich, so gehen meine tage nutzlos dahin, in meinem garten verbluten, i. es irrt der kranich züge, lix. schon blüht die bitter grüne nuß, abends, sommer, ich steh stabs sticher*

stark stehend, lancelot und gwynever, sag was tust du im hirschgehege, ein garten aus zärtlichkeit wird alle luft um sie, meine beine erlernen nach langem, bagh i bish qimat i zumûm, ich hör den tosbach rauschen, mir ist, als hört ich wieder, nachtwindsucher – 61 österreichische haiku, stifter hebt seinen hut, wiesen winkel schatten, als er die luke der arche öffnete, peking, die rohrdommel ist wach, achillea millefolium, drei gedichte aus dem botanischen garten

INHALT

 Gesetzt in der Schrift Aleksei. ¦ Gedruckt auf holzfreies, alterungsbeständiges Werkdruckpapier der Firma Cordier, Bad Dürkheim, von der Memminger MedienCentrum AG. ¦ Gebunden in Fadenheftung von der Conzella Verlagsbuchbinderei GmbH & Co KG, Aschheim-Dornach. ¦ Printed in Germany. ¦
ISBN 978-3-458-19493-4